CES
BEAUX MESSIEURS
D'ORLÉANS

PAR

ALBERT ROGAT

Rédacteur au journal *le Pays*

PARIS

E. LACHAUD ET Cⁱᵉ, ÉDITEURS

4, PLACE DU THÉATRE-FRANÇAIS, 4

—

1876

CES

BEAUX MESSIEURS

D'ORLÉANS

PRÉFACE.

A la suite des élections sénatoriales faites par l'Assemblée, M. le duc d'Aumale écrivit à ses collègues du Conseil général la lettre suivante :

Besançon, 27 décembre 1875.

Mon cher collègue,

Vous allez être appelé prochainement à exercer les attributions qui vous sont conférées par les lois organiques et à prendre part aux élections sénatoriales.

Je sais que plusieurs membres du conseil général ont l'intention de donner leur voix à celui que, depuis cinq ans, ils ont appelé à l'honneur de les présider.

Je serais heureux de continuer à représenter le département de l'Oise dans nos assemblées politiques.

L'expérience m'a démontré qu'il n'était pas possible de prendre une part utile aux délibérations d'une Assemblée, tout en continuant d'exercer un commandement tel que celui qui m'a été confié par le Maréchal Président de la République.

En 1871, en me présentant aux électeurs de l'Oise, j'exprimais le désir de pouvoir contribuer au rétablissement de la monarchie constitutionnelle ; mais je disais aussi que, si mon vœu ne pouvait s'accomplir, je continuerais de servir loyalement mon pays.

Et je le sers.

HENRI D'ORLÉANS.

On remarquera que M. le duc d'Aumale a mis plusieurs années à voir qu'il « n'était pas possible de prendre une part utile aux délibérations d'une assemblée, tout en continuant d'exercer un commandement » et, cependant, il avait l'exemple du général Ducrot, un vrai militaire, celui-là, qui, pourvu d'un grand commandement, avait immédiatement donné sa démission de député à l'assemblée.

A son tour, M. le prince de Joinville adressait cette lettre aux électeurs de la Haute-Marne :

A MM. les électeurs de la Haute-Marne.

Messieurs,

Lorsqu'il y a bientôt cinq ans, à l'heure poignante de nos désastres, vous m'avez fait l'honneur de me nommer votre représentant à l'Assemblée nationale, le même but s'imposait à tous : tirer notre malheureux pays du fatal engrenage qui, deux fois en moins de soixante ans, l'a entraîné à l'invasion, au démembrement.

Pour atteindre ce but, il aurait fallu, selon moi, opposer la monarchie, qui a fait la France, à l'Empire, qui l'a défaite ; le principe traditionnel d'hérédité au principe plébiscitaire.

Nous aurions eu alors un gouvernement assez confiant dans son droit pour n'avoir pas besoin de le retremper sans cesse et à tout hasard sur les champs de bataille, assez sûr de lui-même pour tenir tête à un revers.

En rétablissant la monarchie constitutionnelle, qui a déjà assuré trente-trois ans de paix, de prospérité, de liberté à la France, et qui régit heureusement presque tous les Etats de l'Europe, nous aurions repris, sous l'égide du principe d'hérédité, le grand mouvement libéral de 1789. Dans le principe d'hérédité, la France eût retrouvé, avec tous les souvenirs de son histoire, la stabilité qui, pendant tant de siècles, a fait sa puissance et sa grandeur. Aux heures de trouble et de danger, il eût tracé aux hommes de cœur la ligne du devoir invariable, indiscutable : se serrer autour du roi !

Voilà, messieurs, le gouvernement que j'aurais souhaité à mon pays.

Nous avons essayé de le rétablir ; nous n'avons pas réussi.

J'avais songé, dès lors, à vous remettre des pouvoirs qu'un autre aurait exercés désormais beaucoup mieux que moi.

Mais les circonstances étaient graves, et le premier de tous les devoirs est le devoir envers son pays. Je suis donc resté à mon poste.

Faute de pouvoir apporter à la France l'appui intérieur et extérieur qu'elle aurait trouvé dans la Monarchie, il fallait au moins assurer à sa réorganisation militaire les années de continuité nécessaires, assurer également par avance l'unité de commandement et de direction en cas de danger imprévu.

C'est dans cette pensée que je me suis associé au vote qui a élu président de la République pour sept ans le Maréchal de Mac-Mahon.

En élevant au rang suprême le chef respecté de la grande famille militaire, où chaque foyer compte un fils ou un parent, on confiait en réalité le gouvernement de nécessité que l'on créait au patriotisme de l'armée, dont le rôle va grandissant à mesure que se multiplient nos malheurs, parce que, sourde au tumulte de la politique, elle reste, au milieu de nos déchirements, l'ancre de salut de la France. Sous le commandement de son chef hiérarchique, elle allait maintenir l'ordre par sa seule unité, et être le roc contre lequel le flot des partis viendrait se briser impunément.

La durée septennale du gouvernement du Maréchal étant ainsi protégée contre toute révolution violente, nous l'avons mise légalement à l'abri d'une révolution parlementaire, en créant deux chambres purement législatives, et en faisant ainsi disparaître le danger d'un conflit, tôt ou tard inévitable et insoluble autrement que par la force, entre le président et une Assemblée unique, souveraine comme lui.

Voilà, messieurs, le compte rendu sommaire de la manière dont j'ai compris et exercé jusqu'au bout le mandat que j'avais reçu de vous.

Je vous l'adresse aujourd'hui comme mon dernier acte de représentant, car je ne compte accepter aucune candidature aux prochaines élections.

En terminant, laissez-moi vous témoigner ma profonde reconnaissance de la confiance que vous m'avez montrée à l'époque critique où vous m'avez élu.

Espérons que ces mauvais jours ne reviendront plus. Mais, pour qu'il en soit ainsi, pour que la France reprenne son rang dans le monde, il faut le concours de tous ceux qui savent mettre le patriotisme au-dessus de leurs préférences.

F. D'ORLÉANS.

En même temps l'organe officiel de la maison d'Orléans, le *Journal de Paris*, publiait la note suivante :

« M. le duc de Nemours et M. le duc

de Chartres ont repoussé déjà les instances qui avaient été faites auprès d'eux, pour les décider à entrer dans les assemblées. »

Il est évident que c'est là une abdication en règle.

Elle est motivée.

Mais est-elle sincère ?

Elle est motivée, en ce sens que les tentatives monarchistes des d'Orléans ont piteusement échoué grâce à l'inflexibilité de M. le comte de Chambord, qui ne se souciait nullement de faire la courte échelle à la postérité du bourreau de sa mère. Cette abdication est encore plus particulièrement motivée par l'effroyable échec essuyé dans l'assemblée par les orléanistes, exclus du Sénat à la suite de la coalition des légitimistes avec les républicains.

Cette abdication est-elle sincère ?

Ceci est une autre affaire.

Les preuves de duplicité données en maintes circonstances par la branche cadette de Bourbon ne permettent pas de croire à la sincérité de cette famille. Il est donc bon de se tenir sur ses gardes, et, quoique une restauration de la monarchie du suffrage restreint ne soit guère à craindre du suffrage universel, il ne faut pas désarmer vis-à-vis des princes d'Orléans. Il nous a donc paru utile de vulgariser quelques notions historiques sur la maison d'Orléans. On y verra que la succession de ces princes, depuis le frère cadet de Louis XIV, leur ancêtre, jusqu'à et y compris Louis-Philippe Ier, roi des Français, présente assez peu de personnages recommandables, et qu'en ce qui concerne les princes actuels leur parfaite insignifiance, loin de justifier leurs convoitises monarchiques, n'explique même pas les grandes situations qu'ils ont accaparées dans le pays.

CES
BEAUX MESSIEURS
D'ORLÉANS

PAR

Albert ROGAT

PHILIPPE Ier D'ORLÉANS
1640-1701

Le 21 septembre 1640 naissait au château Royal de Saint-Germain-en-Laye le second fils de Louis XIII et d'Anne d'Autriche, Philippe Ier. Il était de deux années le puîné de Louis XIV.

Ce prince est l'aïeul des princes d'Orléans actuels. Cet auteur de la maison d'Orléans nous apparaît comme un personnage des moins recommandable et véritablement nous aurions souhaité à Nosseigneurs les princes une source plus pure.

Par un calcul machiavélique, Mazarin fit élever le frère cadet de Louis XIV de façon à l'abrutir et, plus tard, le grand roi dans son égoïsme jaloux écarta son frère du commandement des armées et de la direction des affaires publiques. Force fut à celui-ci de se résigner à la situation amoindrie qui lui était faite. Mais le premier des Bourbons de la branche cadette ne songea guère à compenser, par le bon exemple d'une vie privée irréprochable, la situation passablement ridicule que lui faisait la jalousie fraternelle.

Saint-Simon, qui fut l'ami dévoué et le conseiller trop peu écouté de son fils, parle en ces termes de Philippe d'Orléans :

« Personne de si mou de corps et d'esprit, de plus faible, de plus timide, de plus trompé, de plus gouverné, ni de plus méprisé par ses favoris, et très-souvent de plus malmené par eux. Tracassier et incapable de garder aucun secret, soupçonneux, défiant, semant ses noises dans sa Cour pour brouiller,

pour savoir, souvent aussi pour s'amu
ser, et redisant des uns aux autres.
Avec tant de défauts, destitués de toutes
vertus, UN GOUT ABOMINABLE, QUE SES
DONS ET LES FORTUNES QU'IL FIT A CEUX
QU'IL AVAIT PRIS EN FANTAISIE AVAIENT
RENDU PUBLIC AVEC LE PLUS GRAND SCAN-
DALE ET QUI N'AVAIT POINT DE BORNES
POUR LE NOMBRE, NI POUR LES TEMPS.
Ceux-là avaient tout de lui, le trai-
taient souvent avec beaucoup d'inso-
lence, et lui donnaient souvent aussi de
fâcheuses occupations pour arrêter les
brouilleries de jalousies horribles; et
tous ces gens-là, ayant leurs partisans,
rendaient cette petite cour bien ora-
geuse, sans compter les querelles de
cette troupe de femmes décidées de
la cour de Monsieur, la plupart fort
méchantes, et presque toutes plus que
méchantes, dont Monsieur se divertis-
sait et entrait dans toutes ces misères-
là. »

« Le chevalier de Lorraine et Châtil-
lon y avaient fait une grande fortune par
leur figure, dont Monsieur s'était entêté

plus que de pas une autre. Le dernier, qui n'avait ni pain, ni sens, ni esprit, s'y releva, et y acquit du bien. L'autre prit la chose en Guisard qui ne rougit de rien pourvu qu'il arrive, et mena Monsieur le bâton haut toute sa vie, fut comblé d'argent et de bénéfices, fit pour sa maison ce qu'il voulut, demeura toujours publiquement le maître chez Monsieur, et, comme il avait avec la hauteur des Guises leur art et leur esprit, il sut se mettre entre le Roi et Monsieur, et se faire ménager, pour ne pas dire craindre, de l'un et de l'autre et jouir d'une considération, d'une distinction et d'un crédit presque aussi marqué de la part du Roi que de celle de Monsieur. »

Au physique, toujours d'après Saint-Simon, « c'était un petit homme ventru, monté sur des échasses, tant ses souliers étaient hauts, toujours paré comme une femme, plein de bagues, de bracelets, de pierreries partout, avec une longue perruque tout étalée en devant, noire et poudrée, et des rubans partout où il en pouvait mettre, plein de toutes sortes de parfums, et en toute chose la propreté même. On l'accusait de mettre imperceptiblement du rouge. »

Nous en sommes désolé pour sa postérité actuelle, mais tous les historiens du temps s'accordent à constater chez le duc d'Orléans ce goût malpropre qui jadis attira le feu du ciel sur Sodome et sur Gomorrhe. Cette particularité est assurément gênante au point de vue de la légende, et elle dépoétise singulièrement l'auteur de cette noble race, dont les rejetons jouent à l'heure actuelle un rôle si considérable dans le pays.

Mais l'histoire a noté sur ce misérable prince des imputations encore plus terribles : peut-être est-ce lui qui a prêté les mains à l'assassinat de sa première femme, Henriette d'Angleterre, certainement empoisonnée par le chevalier de Lorraine, le complice des turpitudes de Philippe d'Orléans.

Nous laissons encore la parole à Saint-Simon :

« Je ne puis finir sur ce prince sans raconter une anecdote, qui a été sue de bien peu de gens, sur la mort de Madame — Henriette d'Agleterre — que personne n'a douté qui n'eût été empoisonnée, et même grossièrement. Ses galanteries donnaient de la jalousie à Monsieur. *Le goût opposé de Monsieur indignait Madame.* Les favoris qu'elle haïssait semaient tant qu'ils pouvaient la division entre eux, pour disposer de Monsieur tout à leur aise. Le chevalier de Lorraine, dans le fort de sa jeunesse et de ses agréments, étant né en 1643, possédait Monsieur avec empire, et le faisait sentir à Madame comme à toute la maison. Madame, qui n'avait qu'un an moins que lui, et qui était charmante, ne pouvait à plus d'un titre souffrir cette domination ; elle était au comble de faveur et de considération auprès du roi, dont elle obtint enfin l'exil du chevalier de Lorraine. A cette nouvelle, Monsieur s'évanouit, puis fondit en larmes et s'alla jeter aux pieds du roi pour faire révoquer un ordre qui le mettait au dernier désespoir. Il ne put y réussir; il entra en fureur et s'en alla à Villers-Cotterets. Après avoir bien jeté feu et flammes contre le roi et contre Madame, qui protestait toujours qu'elle n'y avait point de part, il ne put soutenir longtemps le personnage de mécontent pour une chose si publiquement honteuse. Le roi se prêta à le contenter d'ailleurs; il eut de l'argent, des compliments, des amitiés; il revint le cœur fort gros et vécut à l'ordinaire avec le roi et Madame. »

« D'Effiat, homme d'un esprit hardi, premier écuyer de Monsieur, et le comte de Beuvron, homme bon et doux, mais qui voulait figurer chez Monsieur, dont il était capitaine des gardes, et surtout tirer de l'argent pour se faire riche, en cadet de Normandie fort pauvre, étaient étroitement liés avec le chevalier de Lorraine, dont l'absence nuisait fort à leurs affaires et leur faisait appréhender que quelque autre mignon ne prît sa place, duquel ils ne s'aideraient pas si bien. Pas un des trois n'espérait la fin de cet exil, à la faveur où ils voyaient Madame, qui commençait même à entrer dans les affaires et à qui le roi venait de faire faire un voyage mystérieux en Angleterre, où elle avait parfaitement réussi et en venait de revenir plus triomphante que jamais. Elle était de juin 1644 et d'une très-bonne santé, qui achevait de leur faire perdre de vue le retour du chevalier de Lorraine. Celui-ci était allé promener son dépit en Italie et à Rome. Je ne sais lequel des trois y pensa le premier, mais le chevalier de Lorraine envoya à ses deux amis un poison sûr et prompt par un exprès qui ne savait peut-être pas lui-même ce qu'il portait. »

« Madame était à Saint-Cloud, qui, pour se rafraîchir, prenait depuis quelque temps, sur les sept heures du soir, un verre d'eau de chicorée. Un garçon de sa chambre avait soin de la faire. Il la mettait dans une armoire d'une des antichambres de Madame, avec son verre, etc. Il y avait toujours auprès d'autre eau commune, en cas que Madame trouvât celle de chicorée trop amère, pour la mêler. Cette antichambre était le passage public pour aller chez Madame, où il ne se tenait jamais personne, parce qu'il y en avait plusieurs. Le marquis d'Effiat avait épié tout cela. Le 29 juin 1670, passant par cette antichambre, il trouva le moment qu'il cherchait, personne dedans, et il avait remarqué qu'il n'était suivi de personne qui allât aussi chez Madame ; il se détourne, va à l'armoire, l'ouvre, jette son boucon, puis, entendant quelqu'un, s'arme de l'autre pot d'eau commune, et, comme il le remettait, le garçon de chambre, qui avait le soin de cette eau de chicorée, s'écrie, court à lui, et lui demande brusquement ce qu'il va faire à cette armoire. D'Effiat, sans s'embarrasser le moins du monde, lui dit qu'il lui demande pardon, mais qu'il crevait de soif, et que sachant qu'il y avait de l'eau là dedans, lui montrant le pot d'eau commencé, il n'a pu résister à en aller boire. Le garçon grommelant toujours et l'autre toujours l'apaisant et s'excusant, entrent chez Madame, et va causer comme les autres courtisans sans la plus légère émotion. Ce qui suivit, une heure après, n'est pas de mon sujet, et n'a que trop fait de bruit par toute l'Europe. »

Ce qui suivit, ce fut la mort de cette infortunée princesse, qui arracha à Bossuet la célèbre exclamation de son oraison funèbre : « O nuit désastreuse, nuit effroyable, dans laquelle retentit comme un éclat de tonnerre cette étonnante nouvelle : Madame se meurt ! Madame est morte!... » Le premier des d'Orléans a-t-il commis ce crime ou son mignon doit-il seul en porter l'épouvantable responsabilité? C'est un problème dont nous avouons ignorer la solution.

LE RÉGENT
(1674-1723)

Le fils unique du premier des d'Orléans, personnage qui, de notre temps, eût eu assurément des démêlés avec la

Cour d'assises, fut Philippe II, né en 1674, qui est connu sous la qualification de Régent. Avec celui-ci apparaît déjà cette ardeur de convoitise et cette duplicité impudente qui se sont épanouies si tristement dans Philippe-Egalité et dans Louis-Philippe.

Durant la guerre de la Succession, envoyé en Espagne pour soutenir contre les Impériaux le duc d'Anjou, petit-fils de Louis XIV, qui régna sous le nom de Philippe V, en vertu du testament de Charles II, il noua des intrigues qui avaient pour objet de le mettre à la place de son jeune cousin. Rappelé en France, il dut supporter le poids du ressentiment de Louis XIV, qui eut la pensée de le faire juger en plein parlement. Le crime de haute trahison dont Philippe d'Orléans s'était rendu coupable pouvait lui coûter la tête, mais Louis XIV recula devant l'éclat scandaleux d'un pareil procès.

Régent du royaume à la mort de Louis XIV, il s'abandonna pieds et poings liés à ce misérable abbé Dubois, qu'il n'eut pas honte de faire archevêque et cardinal. Puis il se livra sans contrainte à ses penchants d'ivrognerie et de basse débauche. Il donnait le ton à la bande des roués, et il fit si bien que la Régence a laissé le souvenir de l'immoralité la plus effrénée. On devine ce que pouvait être le gouvernement de la France aux mains d'un pareil ivrogne. Il passait ses nuits dans des orgies crapuleuses. « Aussi, dit Saint-Simon, les premières heures de ses matinées étaient peu libres. Sa tête, offusquée encore par les fumées du vin et de la digestion des viandes du souper, n'était pas en état de comprendre, et les secrétaires d'Etat m'ont souvent dit que c'était un temps où il ne tenait qu'à eux de lui faire signer tout ce qu'ils auraient voulu. « Ce triste prince mourut d'une attaque d'apoplexie entre les bras d'une jolie aventurière nommée la Falaris.

Outre deux bâtards, l'un qu'il avait eu de Mademoiselle d'Argenton, l'autre de la comédienne Florence — celui-là devint archevêque de Cambrai — le

Régent laissa un fils qui fut

LOUIS DUC D'ORLÉANS

(1703-1752)

« M. le duc de Chartres — c'était le titre que portaient les aînés de la famille d'Orléans tant que vivait leur père — était à Paris, disent les mémoires du temps, débauché alors fort gauche, chez une fille de l'Opéra qu'il entretenait. Il y reçut le courrier qui lui apprit l'apoplexie, et en chemin un autre qui lui apprit la mort. » Ce nouveau duc d'Orléans était une espèce de lourdaud imbécile, absolument hors d'état de jouer dans les affaires publiques le rôle auquel sa naissance et son rang l'appelaient. Il était fait, paraît-il, pour la vie monacale, car il passa les dix dernières années de sa vie dans une cellule de l'abbaye de Sainte-Geneviève.

Déjà en ce temps, les princes d'Orléans aimaient à prendre leurs femmes en Allemagne : la mère du Régent était une Bavaroise. Louis avait épousé une Badoise de qui il eut

LOUIS-PHILIPPE Ier DUC D'ORLÉANS

(1725-1785)

Celui-là fut certainement le plus honorable des princes d'Orléans. Il fut heureux comme ces peuples qui n'ont pas d'histoire, employant intelligemment sa colossale fortune et ayant pu, à la fin de ses jours, se donner la satisfaction d'une mésalliance. Il fut le père du scélérat qui troqua son nom contre l'ignoble sobriquet d'Egalité. Celui-ci vaut qu'on s'y arrête.

LOUIS-PHILIPPE-JOSEPH

dit Egalité (1747-1793)

Louis-Philippe-Joseph avait reçu en naissant le titre de duc de Montpensier, qu'il quitta à la mort de son aïeul, en 1752, pour prendre celui de duc de Chartres. Il débuta dans la vie par être un assez plat copiste du maréchal de

Richelieu, faisant parade d'athéïsme et souillant ses prétentions philosophiques d'une dépravation de mœurs qui rappelait son bisaïeul.

Dès la fin du règne de Louis XV, avant qu'il eût encore pu donner à son ambition un but arrêté, il commença à faire à la branche aînée de sa maison une opposition perfide : politique déloyale, dont il ne put recueillir personnellement les fruits, mais qui, pratiquée avec la même perversité par son fils, réussit à ce dernier et lui valut, en fin de compte, au prix de turpitudes sans nombre, la couronne de France.

Louis XV l'exila dans ses terres, et il resta en disgrâce jusqu'à l'avénement de Louis XVI.

Alors, non-seulement il reçut la permission de revenir à la Cour, mais encore, au commencement de la guerre d'Amérique, il obtint un commandement dans l'armée navale. Il commanda l'arrière-garde au combat d'Ouessant, et montait le vaisseau le *Saint-Esprit*. Dans cette circonstance le futur régi-

cide montra une couardise véritablement scandaleuse, attestée par des
mémoires contemporains. Les recueils
d'épigrammes et de chansons de cette
époque ne tarissent pas sur la poltron-
nerie de ce prince.

Le roi supporta impatiemment cette
vilenie d'un prince de sa famille, et
quand Philippe reparut à la cour avec
son effronterie habituelle, il ne lui dissi-
mula pas son mécontentement.Philippe
crut ou voulut croire que la reine
Marie-Antoinette était cause de l'ac-
cueil qui lui était fait; à partir de ce
jour il lui voua ainsi qu'à son mari une
haine dont les conséquences furent tra-
giques.

Si public qu'ait été le déshonneur de
Philippe, ce prince n'hésita pas : il osa
revendiquer la survivance de l'office de
la couronne de grand amiral de France,
l'un des plus considérables qui existât
alors, et par les émoluments et par les
prérogatives qui y étaient attachés.
Tant d'impudence révolta la débonnai-
reté de Louis XVI, qui trouva un moyen

ingénieux de satisfaire la cupidité de son parent, et en même temps de lui infliger un ridicule écrasant : pour récompenser les prétendus services de ce pitoyable marin, il créa la charge de colonel-général des hussards. Ce fut une risée universelle dont le héros d'Ouessant fit les frais, mais il s'en consola en palpant les beaux émoluments de sa charge.

Devenu duc d'Orléans à la mort de son père (1785), il fit partie de la première assemblée de notables, et ne manqua pas d'y figurer dans l'opposition. Mais les dérèglements de sa vie privée lui ôtèrent tout crédit dans cette assemblée. Il lui fallait les bandits de la Convention pour être un instant pris au sérieux.

Il insulta le roi à une séance solennelle du Parlement et fut exilé de nouveau à Villers-Cotterets. Il était l'objet des rigueurs du pouvoir : à partir de ce jour, la canaille en fit son idole.

Il fut envoyé aux états-généraux par le bailliage de Crespy-en-Valois. « On remarqua, dit un historien, l'affectation avec laquelle ce prince, séparé de la famille royale et confondu parmi les députés de la noblesse, salua la multitude qui bordait le cortége; ce fut pour lui un véritable triomphe. »

C'est ainsi que les héros de 89 préludaient aux horreurs de 93.

Membre de l'Assemblée nationale, il continua à jouer son rôle de démagogue. « De toutes parts, dit l'historien que nous venons de citer, fut alors signalée l'existence d'un *parti orléaniste*, premier moteur de toutes les scènes majestueuses et terribles qui agitaient la France, et travaillaient en secret à changer l'ordre de successibilité à la couronne. »

Après la journée du 10 août il fut nommé député à la Convention. « L'abolition des titres féodaux par l'Assemblée constituante, et la proscription de la qualification de prince français après la chute du trône constitutionnel avait laissé le duc d'Orléans sans nom; il fallait lui en donner un pour pouvoir l'inscrire sur les bulletins électoraux : on lui conféra celui d'*Egalité*, et il parut sous ce nom dans le sein de la représentation nationale. »

Voilà donc *Egalité*, puisqu'Egalité il y a, membre de la Convention, et comme tel, juge de Louis XVI. Un historien, grand admirateur de la *grande* révolution et qui, à ce titre, n'est point suspect, dit à ce propos : « La décence, l'honneur, la justice, imposaient *peut-être* au duc d'Orléans l'obligation de se récuser; quel qu'ait été le motif de sa conduite, il ne le fit pas, et, quand son tour d'opiner arriva, il s'exprima en ces termes :

« UNIQUEMENT OCCUPÉ DE MON DEVOIR; CONVAINCU QUE TOUS CEUX QUI ONT ATTENTÉ OU ATTENTERAIENT PAR LA SUITE A LA SOUVERAINETÉ DU PEUPLE MÉRITENT LA MORT, JE PRONONCE LA MORT DE LOUIS. »

« Ce vote fut accueilli par des cris d'indignation partis de tous les bancs.»

Un membre de la Convention, Manuel, s'élança à la tribune et s'écria :

« Je reconnais ici des législateurs, je n'y ai jamais vu de juges…. Jamais la Convention n'a ressemblé à un tribunal. Si elle l'eût été, certes, elle n'eût pas vu le plus proche parent de Louis n'avoir pas, sinon la conscience, du moins la pudeur de se récuser. »

Le vote d'Egalité est un des crimes les plus atroces dont l'histoire ait gardé le souvenir. La plus inavouable ambition, une rancune implacable et aussi la peur en furent les mobiles, et il marquera éternellement sa postérité, comme une tache indélébile que ne pourront effacer tous les flots d'or qu'elle a su faire couler dans ses coffres.

Cependant Egalité, en soulevant le dégoût des républicains, n'avait pas endormi les défiances des plus clairvoyants d'entre eux qui soupçonnaient son projet de s'élever jusqu'au trône sur le cadavre de Louis XVI. Peu de jours après le jugement du roi, il adressa à ses commettants une profession de foi dans laquelle il s'efforçait de dissiper les doutes qui s'élevaient sur son républicanisme princier ; « j'estime, y disait-il, ceux des membres de la Convention qui veulent la République, qui la veulent une et indivisible, et qui, contents d'établir la liberté, ne cherchent pas à envahir le pouvoir ; j'ajoute que je n'estime que ceux-là. Plusieurs d'entre eux ont prononcé à la tribune qu'ils immoleraient le premier à qui ils verraient des projets ambitieux : je pense comme eux, et dans ce cas j'immolerais ce que j'aurais de plus cher. »

Ces protestations à la Brutus ne lui servirent pas à grand chose. Egalement suspect aux Girondins et aux Montagnards, il se laissa prendre la main dans le sac, trahissant avec Dumouriez, et le 4 avril 1793 il fut décrété d'accusation. Le citoyen Egalité, mis sous les verrous, s'empressa d'écrire à ses dignes collègues de la Convention pour protester de son républicanisme et ne manqua pas d'alléguer en s'en glorifiant son infâme vote dans le jugement de Louis XVI. Mais toutes ses protestations et toutes ses démarches n'aboutirent qu'à un ordre du jour motivé sur ce que la Convention avait entendu le comprendre dans son décret en date du 6 avril portant que tous les membres de la famille des Bourbons seraient détenus pour servir d'otages à la République.

Il fut conduit à l'Abbaye ; sa translation à Marseille fut immédiatement décidée, et il se mit en route dans la nuit du 9 au 10 du même mois. Arrivé à destination il subit le 7 mai un interrogatoire portant particulièrement sur ses relations avec Mirabeau et avec Dumouriez. Il recommença ses protestations de jacobinisme, protestations qu'il renouvela dans une série de pétitions toutes plus basses et plus plates les unes que les autres qu'il adressa à la Convention.

Au bout de six mois de détention à Marseille, il fut transféré à Paris et enfermé à la Conciergerie, d'où on le tira bientôt pour le traduire devant le tribunal révolutionnaire, comme complice de Dumouriez et des Girondins. Il nia tous les chefs d'accusation articulés contre lui. Mais ni ses dénégations ni ses explications ne purent le soustraire à la mort. Il fut condamné et exécuté le 6 octobre 1793.

Nous demandons mille fois pardon de la liberté grande de nos jugements sur Egalité à ses propres petits-fils Nosseigneurs les ducs d'Aumale, de Nemours, de Montpensier et le prince de Joinville; nous les plaignons de tout notre cœur d'avoir eu un pareil grand-père, mais cet homme fut certainement un des plus vils qui aient souillé la terre parmi les fils d'Adam : lâche, cupide et sanguinaire, il fut complet.

On comprend, en parcourant sa biographie, que M. le duc d'Aumale, qui a signé de son nom une histoire de la maison Condé — laquelle, comme on sait, finit par une pendaison et par un héritage pour M. le duc d'Aumale — on comprend, disons-nous, que ce duc n'ait pas été tenté d'écrire l'histoire de sa maison à lui : avoir des ancêtres tels que Monsieur, frère de Louis XIV, le Régent et Egalité, c'est fort pénible; mais ce qui eût été encore plus pénible au plus académique de leurs petit-fils, c'eût été d'écrire leur peu édifiante histoire : la vérité et l'éloge lui étaient également impossibles à dire: à imiter l'irrévérence des enfants de Noé en dévoilant les turpitudes de ses aïeux, il eût excité l'indignation publique et la risée générale, s'il eût essayé le panégyrique.

Nous aurions souhaité que la vie du père de ces nobles princes si chers à la France — sans calembour — rachetât les erreurs de ses aïeux. Mais si le premier et dernier roi des Français, Louis-Philippe Ier, n'eut à se reprocher ni les goûts immondes de son ancêtre Philippe Ier, ni l'ivrognerie du Régent son trisaïeul, il ne laissa pas moins le souvenir d'une ambition éhontée, d'une noire ingratitude et d'une insigne mauvaise foi.

LOUIS PHILIPPE Ier
Roi des Français
1773

Louis-Philippe, fils aîné d'Egalité, porta d'abord le nom de duc de Valois, puis celui de duc de Chartres à la mort de son grand-père, alors que, selon l'usage, son père troquait son titre de duc de Chartres contre celui de duc d'Orléans.

Sous l'influence de son père, le jeune duc de Chartres donna tête baissée dans la révolution, il suivit la carrière militaire et, après avoir assisté aux batailles de Jemmapes et de Valmy, il déserta ainsi que Dumouriez. Cette désertion à l'ennemi est ordinairement reléguée dans l'ombre par les complaisants panégyristes de la famille d'Orléans ; il n'est donc pas inutile de remarquer que cette désertion fut le fait capital de la carrière militaire du fils d'Egalité. Il faut convenir qu'en cette circonstance Louis-Philippe se montrait plus avisé que son père, dont il ne se soucia point de partager la fortune; il était à l'abri des fureurs révolutionnaires, tandis qu'on coupait le cou à celui-ci, c'était pour lui l'important. Il erra plusieurs années en Europe et en Amérique. Au commencement de l'année 1800, il se rapprocha de ses parents de la branche aînée; comme on le pense bien, ses avances furent accueillies avec une grande circonspection; le comte de Provence et le comte d'Artois avaient de justes motifs pour tenir rigueur au fils de l'un des assassins de leur frère.

Plus tard Lous-Philippe, non content d'avoir déserté, brigua ce qu'il appelait en son langage l'honneur de porter les armes contre la France. Voici une lettre véritablement prodigieuse écrite par le fils d'Égalité à la date du 6 juillet 1808. Cette lettre a été écrite dans les circonstances suivantes : Louis-Philippe postulait un commandement dans l'armée espagnole; les Bourbons d'Espagne le lui refusaient, suspectant à juste titre la loyauté de leur jeune parent. Louis-Philippe, qui avait épousé une fille de Ferdinand IV, roi de Naples et de Sicile, écrivit la lettre dont il s'agit à la reine, sa belle-mère ; c'est une profession de foi des plus explicites, ainsi qu'on en pourra juger :

A sa Majesté la reine de Naples.

Madame,

Les bontés dont Votre Majesté vient de me combler et la franchise si noble et si digne d'Elle, avec laquelle Elle a daigné me questionner sur un point relativement auquel il me tardait de pouvoir lui manifester mes sentiments, me font espérer qu'Elle me pardonnera de l'importuner d'une lettre où je puisse les répéter et les constater de la manière la plus formelle, la plus positive et *la plus solennelle.* Plus j'éprouve de satisfaction à profiter de la permission que Votre Majesté a daigné m'accorder de La rendre dépositaire des sentiments qui m'animent et dont j'ai fait profession depuis longtemps, et plus je désire le faire par écrit, et de manière à défier toutes les insinuations de l'envie et de la calomnie, quel que soit le succès de mes efforts ou le sort que la Providence me destine : j'ose donc espérer que Votre Majesté me pardonnera de lui parler de moi autant que je suis obligé de le faire pour atteindre ce but.

Je suis lié, Madame, au roi de France, mon ami et *mon maître*, par tous les serments qui *peuvent lier un homme*, par tous les devoirs qui *peuvent lier un prince*. Je ne le suis pas moins par le sentiment de ce que je dois à moi-même que par ma manière d'envisager ma position, mes intérêts, et par le genre d'ambition dont je suis animé. Je ne ferai point ici de vaines protestations mon objet; enfin, mes expressions seront simples : jamais je ne porterai de couronne tant que le droit de ma naissance et l'ordre de succession ne m'y appelleront pas; jamais je ne *me souillerai* en m'appropriant ce qui appartient légitimement à un autre prince.

Je me croirais avili, dégradé, en m'abaissant à devenir le successeur de Buonaparte, en me plaçant dans une situation que je méprise, que je ne pourrais atteindre que par le parjure le plus scandaleux, et où je ne pourrais espérer de me maintenir quelque temps que par la scélératesse et la perfidie dont il nous a donné tant d'exemples. Mon ambition est d'un autre genre : j'aspire à l'honneur de participer au renversement de son empire, à celui d'être un des instruments dont la Providence se servira pour délivrer l'espèce humaine, pour rétablir sur le thrône de nos ancêtres le Roi mon aîné et mon maître et pour replacer sur leurs thrônes tous les souverains qu'il en a dépossédés ; j'aspire peut-être plus encore à l'honneur d'être celui qui montre au monde que quand on est ce que je suis, on dédaigne, *on méprise l'usurpation*, et qu'il n'y a que des parvenus sans naissance et sans âme qui s'emparent de ce que les circonstances peuvent *mettre à leur portée* mais que l'honneur leur défend de s'approprier,

La carrière des armes est la seule qui convienne à ma naissance, à ma position, en un mot, à mes goûts. Mon devoir s'accorde avec mon ambition pour me rendre avide de la parcourir et je n'ai point d'autre objet.

Je serai doublement heureux d'y entrer, si elle m'est ouverte par les bontés de Votre Majesté et par celles du Roi, son époux, et si mes faibles services peuvent jamais être de quelque utilité à leur cause, j'ose dire à la nôtre et à celle de tous les souverains, de tous les princes et de l'humanité.

Que Votre Majesté daigne, etc.

Louis-Philippe d'Orléans.

Palerme, ce 6 juillet 1808.

Quand on songe que l'homme qui a écrit ces lignes : « Jamais je ne porterai de couronne tant que le droit de ma naissance et l'ordre de succession ne m'y appelleront pas ; jamais je ne me souillerai en m'appropriant ce qui appartient légitimement à un autre prince : » quand on pense, disons-nous, que ce même homme, à quelques années de là, conspirait contre son roi légitime et son bienfaiteur, le renversait, prenait sa place et déshonorait publiquement une princesse de cette maison, on est obligé de convenir que Louis-Philippe Ier, roi des Français, fut un simple misérable.

Une lettre pareille déshonore à tout jamais celui qui l'a écrite, aussi comprend-on que sa publication ait vivement mécontenté Nosseigneurs les princes d'Orléans.

Un des journaux stipendiés par eux essaya dernièrement, à ce sujet, de faire une confusion contre laquelle il est bon de prémunir le public. Après 1830, on publia dans les journaux légitimistes plusieurs lettres émanées de Louis-Philippe, postérieurement à son avénement ; ces lettres furent arguées

de fausseté, et leurs publicateurs tra-
duîts devant les tribunaux qui, d'ailleurs, en les acquittant, semblèrent im-
plicitement reconnaître l'authenticité
de ces pièces.

Le journal auquel nous faisons allusion feignit de croire que la lettre que
nous venons de citer était comprise
dans les documents soumis aux tribunaux, il n'en était rien. Jamais l'authenticité de cette lettre abominable,
publiée pour la première fois par M.
de Lourdoueix n'a été contestée.

Si le digne fils d'Egalité exécrait
Buonaparte au point de solliciter l'honneur de porter les armes contre sa pa-
trie, il est juste de reconnaître que les
princesses d'Orléans, loin de discuter
la légitimité de l'Empire, ne songeaient
qu'à en tirer pied ou aile. Voici quelques lettres de ces princesses; elles ont
été publiées maintes fois et, pas plus
que celle de la première lettre que nous
venons de citer, leur authenticité n'a
été contestée un seul instant.

Madame,

« L'obligeance que Votre Majesté a bien
« voulu me faire témoigner m'inspire la con-
« fiance de la réclamer pour obtenir de l'Em-
« pereur une décision qui m'est si nécessaire
« et si pressante, en la cruelle position dans
« laquelle je me trouve. J'aurais craint de
« fatiguer Sa Majesté l'Empereur en lui
« retraçant les motifs propres à émouvoir sa
« magnanimité ; j'aime à me persuader que
« les bons offices de votre Majesté produi-
« ront cet effet et qu'elle voudra bien rendre
« justice à la reconnaissance

« Madame,

« de votre servante,

« Louise-Marie-Adélaïde de Bourbon,

« Douairière d'Orléans.

« *Ce* 15 *mars* 1815. »

« Madame,

« L'intérêt dont Votre Majesté a bien
« voulu me réitérer le témoignage dans son
« admirable lettre du 29 mars me confirme
« l'espoir que l'Empereur adoucira bientôt
« ma si cruelle position, le ministre des fi-
« nances l'ayant mise sous ses yeux. Il sera
» bien consolant pour moi de devoir à la gé-
« nérosité de l'Empereur et à votre obligeante

« entremise, d'obtenir ce que ma position,
« dont je ne pourrais assez vous exprimer la
« gêne, sollicite si instamment.

« Agréez encore une fois, Madame, l'ex-
pression des sentiments qu'offre

« à Votre Majesté,

« sa servante

« LOUISE-ADÉLAÏDE-MARIE DE BOURBON,

« Duchesse d'Orléans.

« *Ce 2 avril 1816,* »

« MADAME,

« Je suis vraiment affligée que le mauvais
« état de ma santé me prive d'exprimer à
« Votre Majesté comme je le voudrais ma
« sensibilité à l'intérêt qu'elle a témoigné à
« ma position. Elle est encore bien pénible,
« ma jambe ne prenant aucune force. Mais
« je ne veux pas différer d'exprimer à Votre
« Majesté et à Sa Majesté l'Empereur, auprès
« duquel j'ose vous prier d'être mon bon in-
« terprète, des sentiments dont fait profes-
« sion,

« Madame

«de Votre Majesté,

« la servante

« LOUISE-MARIE-ADÉLAÏDE DE BOURBON,

« Duchesse d'Orléans.

« *Ce 19 avril 1815.* »

« Madame,

« Vous avez bien voulu me faire offrir
« votre médiation auprès de S. M. l'Empe-
« reur, pour obtenir l'autorisation de rester
« en France et un traitement convenable
« pour y subsister. Je vois, Madame, ce que
« vous avez déjà fait auprès de Sa Majesté,
« et que c'est en grande partie à votre intérêt
« que je dois les 200,000 francs de rente
« qu'Elle a eu la bonté de m'accorder. Mais
« sur cette somme, le ministre des finances
« me dit que j'en dois distraire celle de
« 50,000 francs en faveur de mes frères na-
« turels reconnus par mon père, ce qui rédui-
« rait mon traitement annuel à 150,000 fr.
« Vous trouverez sûrement, madame, que
« cette somme est bien modique, eu égard à
« mes obligations et à la nécessité où je suis
« de me former un établissement en entier,
« n'ayant ni habitation ni meubles.
« J'avais, à la vérité, supplié Votre Majesté
« d'assurer à chacun de ces Messieurs 25,000
« francs par an, comme étant la seule dette
« morale dont je me crusse tenue; mais,
« outre que j'avais pensé que cette dette
« n'aurait pas dû être prise sur mon traite-
« ment de 200,000 francs, c'est que je regar-
« dais comme important pour eux de leur
« assurer le même revenu dans le cas où je
« mourrais avant eux. Je viens donc vous

« prier, Madame, d'appuyer auprès de l'Em-
« pereur la demande que j'ose Lui faire, et
« qui, je l'espère, ne peut vous paraître dé-
« raisonnable. C'est une nouvelle obligation
« que je vous aurai.
« Agréez, Madame, etc.

« L. M. J.-B. d'Orléans Bourbon.

« 21 *mars* 1815. »

Madame,

« Je suis bien touchée de votre obligeance
« et j'ai toute confiance dans le désir que
« vous me témoignez ; il me semble difficile
« que l'Empereur refuse une demande, j'ose
« le dire, aussi juste, lorsqu'elle est présentée
« par vous. Croyez, Madame, que ma recon-
« naissance égalera les sentiments dont je
« vous prie de recevoir d'avance les témoi-
« gnages bien sincères.

« L. M. J.-B. d'Orléans Bourbon.

« 29 *avril* 1815. »

On ne s'étonnera pas que la question d'argent tienne une si grande
place dans la correspondance de ces
princesses, puisqu'elles appartenaient

à la rapace famille des d'Orléans. Ajou-
tons que ceci se passait au commencement des Cent jours et que, en 1814,
ces princesses qui se livraient si hum-
blement à la mendicité, ne se gênaient
pas pour traiter Napoléon de brigand
et pour appeler dédaigneusement Mlle
de Beauharnais la reine Hortense
à qui elles ne marchandaient pas, nous
venons de le voir, le titre de Majesté en
vue d'une pension.

A la Restauration, le duc d'Orléans
était toujours tenu à l'écart, ce fut la
duchesse de Berry qui triompha de la
répulsion bien légitime que le fils d'E-
galité inspirait aux deux frères de
Louis XVI.

Nous verrons prochainement com-
ment elle en fut récompensée. Pendant
le règne de Louis XVIII, le duc d'Orléans se tint tranquille; on l'avait gorgé
sous prétexte de restitution de ses
biens, mais Louis XVIII qui savait
de quoi un prince d'Orléans était capable, avait eu la sage précaution de ne
pas donner de caractère définitif à une

libéralité d'ailleurs parfaitement illégale : Charles X n'eut pas la même prudence.

D'ailleurs nous traiterons à sa place cette question des biens de la famille d'Orléans, qui vient de coûter à la France une cinquantaine de millions.

Sous le règne de Charles X, Louis Philippe joua, mais avec plus de succès, le même rôle que son père sous Louis XVI. Le Palais-Royal, sa résidence, était devenu le foyer de l'opposition, c'est là que fut tramée la conspiration qui aboutit à la révolution de 1830.

L'homme qui a écrit la lettre solennelle que nous venons de citer, l'homme qui devait tout aux princes qui lui avaient pardonné et le crime de son père et les erreurs de sa propre jeunesse, cet homme prémédita l'usurpation. Tandis que Charles X partait avec sa famille pour l'exil, Louis Philippe donnait l'ordre qu'on tirât à boulets sur le navire qui emportait le vieux roi, s'il semblait vouloir revenir vers les côtes de France.

Il n'entre pas dans notre plan de raconter ce règne de dix-huit années, qui fut une époque d'abaissement pour la France devant l'étranger et de démoralisation à l'intérieur, comme au temps où Dubois, vendu au cabinet anglais, gouvernait le Régent. La France accepta toutes les humiliations qu'il plut à l'Angleterre d'infliger au gouvernement de Louis-Philippe. La démoralisation s'accusait à l'intérieur par des procès tels que le procès Teste et Cubières; c'était l'époque où M. Guizot, qui depuis reçut pour son fils, aujourd'hui directeur des Cultes, les aumônes de l'empereur, puis insulta à la mémoire de son bienfaiteur, c'était, disons-nous, l'époque où ce premier ministre jetait à ses électeurs comme mot d'ordre ce cri : enrichissez-vous! Rappelons seulement que lorsque la duchesse de Berry essaya en Vendée de revendiquer à main armée pour son fils l'héritage de Charles X, Louis-Philippe fit acheter par son digne ministre M. Thiers le secret de la retraite de cette courageuse princesse et la retint en prison pour la déshonorer par le scandale public des conséquences d'un mariage clandestin. Aussi, dirons-nous en passant, que toutes les histoires de fusion dont on nous a bernés sont aussi chimériques pour le moins que la quadrature du cercle, car il faudrait que le comte de Chambord, cet héroïque obstiné, au caractère duquel tous les partis s'accordent à rendre justice, n'eût pas de cœur pour oublier la conduite de la maison d'Orléans vis-à-vis de son aïeul et vis-à-vis de sa mère.

LA LIGNÉE DE LOUIS-PHILIPPE

Maintenant, nous nous trouvons en présence de la très-nombreuse lignée du roi citoyen; d'abord les fils: le duc de Nemours, le prince de Joinville, le duc d'Aumale et le duc de Montpensier; puis les petits-fils : le Comte de Paris et le duc de Chartres, fils du duc d'Or-

léans, mort comme on sait d'une chute
de voiture en sortant de table, puis le
duc d'Alençon, fils du duc de Nemours,
enfin le duc de Penthièvre, fils du prince de Joinville. Bien entendu nous ne
nous occupons que de ceux qui rentrés
en France s'y sont faits donner des
grades dans les armées de terre et de
mer.

Du comte de Paris, l'héritier pré-
somptif, il n'y a pas grand chose à dire.
Fils d'une Allemande, il promène dans
les fêtes officielles une tête carrée, indice
de son origine. Il ne manque pas de
prétentions littéraires et ce n'est pas le
moins lourd des écrivains de la *Revue
des Deux-Mondes*, Celui-là est resté dans le civil : cependant il sollicite actuellement un grade de colonel
dans l'armée territoriale, et bien certainement il l'obtiendra.

Le duc d'Aumale, celui-là par exemple il en faut parler avec prudence, c'est
le plus processif de nos généraux. Il a,
rendons-lui du moins cette justice,
gagné plus de procès que de batailles,

et il ne dédaigne pas de faire entrer
dans la profonde escarcelle où est venue
s'engloutir la fortune du dernier des
Condés, les quelques écus auxquels peut
se faire condamner un journaliste irré-
vérencieux. A peine remis en possession de son grade de général de division, facilement gagné sous le règne
paternel, il a étrenné ses épaulettes
comme président du Conseil de guerre
qui condamnait à mort un Maréchal de
France. Commandant d'un corps d'armée, il s'est aperçu, après la dissolu-
tion de l'Assemblée où il avait siégé
cinq ans, qu'il y avait incompatibilité
entre ses fonctions et le mandat législa-
tif; en conséquence, il a déclaré qu'il
ne se présenterait pas aux élections, et,
entre nous, il a aussi bien fait.

Le duc de Montpensier reprend en
Espagne les traditions de son aïeul le
régent, c'est-à-dire qu'il y intrigue de
son mieux, cherchant à y pêcher une
couronne en eau trouble.

Le prince de Joinville s'est fait rendre son grade de vice-amiral; on assu-

re qu'il a toujours vu une allusion à sa personne dans l'amiral suisse de la *Vie Parisienne*; ce qu'il y a de certain, c'est que ce bon Seigneur, qui est d'ailleur sourd comme un pot, a la prudence de ne pas solliciter le commandement d'une flotte; il faut lui en savoir gré: il n'aurait qu'à le demander pour l'avoir, sous ce régime on n'a rien à refuser à un prince d'Orléans. Il est vrai que le danger que nous supposons est peut-être chimérique, car le digne amiral de Joinville ne serait peut-être pas capable de faire démarrer le moindre aviso, à plus forte raison ne peut-on le soupçonner de pouvoir faire sortir une flotte d'un port de mer.

Pour ce qui est de l'aîné, le duc de Nemours, refait général de division, il est dans le cas de son frère le marin: il se tient tranquille; il y en a qui doutent qu'il soit capable de faire manœuvrer une compagnie: c'est un point sur lequel on ne sera probablement jamais fixé.

Quant aux petis-enfants, on les a gorgés de grades ; le duc de Chartres est aujourd'hui chef d'escadron. Cet avancement scandaleux fait sourire tristement les vieux soldats qui ont blanchi sous le harnais et à qui son Altesse a passé sur le corps le plus galamment du monde.

Le duc d'Alençon, fils du duc de Nemours, a trente-deux ans et il n'est que capitaine d'artillerie ; nous espérons bien qu'on ne fera pas languir trop longtemps cette Altesse dans un grade si inférieur à ses rares talents et aux services exceptionnels qu'il n'aurait pas manqué de rendre à la France s'il en avait eu l'occasion.

Il nous reste le fils du bon sourd, le comte de Penthièvre. Bon chien chasse de race ; celui-là s'est fourré dans la marine et on l'a nommé, d'emblée, lieutenant de vaisseau ; cette nomination n'a surpris aucun de ceux qui connaissaient les qualités nautiques de ce descendant de nos rois, à qui personne, même parmi les détracteurs les plus acharnés de la famille d'Orléans, n'a contesté la science, le sang froid et le coup d'œil nécessaires pour conduire un you-you d'Asnières à Bougival; il paraît qu'on va le faire prochainement capitaine de frégate.

Nous l'espérons bien.

Il faut reconnaître que, pour les princes d'Orléans, remonter sur le trône de Louis-Philippe est secondaire; le but principal, celui qu'ils poursuivent avec une rare persévérance, c'est de thésauriser.

Le 22 février 1852, le gouvernement impérial a fait rentrer dans le domaine de l'Etat les biens qu'en avait distraits Louis-Philippe, par une donation faite dans les conditions de la plus flagrante irrégularité. Quoique cette question ait été tranchée par une assemblée peuplée d'orléanistes dans le sens le plus favorable aux porte-monnaie de Nosseigneurs les princes d'Orléans, il est permis d'en exposer les termes et c'est ce que nous allons faire.

Louis-Philippe qui prêta serment comme roi des Français, le 9 août 1830, eut la remarquable présence d'esprit de faire à ses enfants donation de ses biens, par acte en date du 7 août. Ce monarque pensait à tout. Ses biens se composaient, pour la plus grande partie, de ceux qu'il tenait de la libéralité de ces mêmes Bourbons qu'il venait de chasser de France ; en 1814, Louis XVIII rendit au fils d'Egalité non-seulement l'ancien apanage de la maison d'Orléans, mais encore ses biens patrimoniaux.

Or, les apanages avaient été abolis par la loi de 1790, en vigueur en 1814, ce qui est tellement incontestable que le fils d'Egalité fut le seul à qui on rendit un apanage ; ni le comte d'Artois, qui devint Charles X, ni le duc de Berry, ni le duc d'Angoulême, ne réclamèrent ni ne reçurent d'apanage.

Cette donation était tellement illégale qu'elle ne figura ni au *Moniteur* ni au *Bulletin des lois*. Louis XVIII, qui était très-fin, savait de quoi son cousin était capable : il se garda bien de donner à cette donation un caractère irrévocable ; il tenait Louis-Philippe par le cœur, c'est-à-dire par la bourse. Charles X, moins sage, fit légaliser cette donation, mais cette légalisation ne pouvait pas la rendre légitime, puisque, Dieu merci, devant elle se dressait comme une antithèse la loi de 1790, toujours en vigueur, qui abrogeait les apanages.

Quant aux biens patrimoniaux, c'est une autre affaire ; d'un trait de plume, le frère de Louis XVI rendait au fils d'Egalité ce que celui-ci n'avait jamais possédé.

En effet au moment où Egalité fut guillotiné il ne possédait plus rien, il devait 70 millions, et il avait abandonné son actif à ses créanciers dès 1790.

Louis-Philippe, qui connaissait parfaitement cette situation, n'avait accepté la succession paternelle que sous bénéfice d'inventaire.

Le décret du 22 janvier 1852 déjoua tardivement la ruse du vieux roi qui avait frustré le domaine avec l'habileté d'un procureur.

Quand le crime du 4 septembre et

l'invasion allemande eurent ouvert aux princes d'Orléans les portes de la France, ceux-ci n'eurent rien de plus pressé que de demander à l'Assemblée d'être remis en possession de ces biens. La France n'avait pas encore payé les cinq milliards qu'elle devait aux Allemands, leurs parents (1) ; ils réclamèrent 45 millions, c'est la somme demandée à l'Assemblée par leur homme d'affaires, M. Bocher, qui porta cette réclamation à la tribune. Nosseigneurs les princes avaient bien choisi leur moment : en vain, des gens qu'on ne pouvait taxer de complaisance vis-à-vis de l'Empire s'élevèrent contre ces prétentions ; en vain ils demandèrent l'abrogation pure et simple des décrets de 1852, et le renvoi de cette affaire aux

____

(1) Le comte de Paris et le duc de Chartres ont pour mère une princesse de Mecklembourg-Schewerin ; le duc de Nemours a épousé une princesse de Saxe-Cobourg ; sa sœur Marie-Christine a épousé un prince de Wurtemberg ; la princesse Clémentine, son autre sœur, s'est mariée à un Saxe-Cobourg-Gotha.

tribunaux compétents. M. Bocher, suivi, comme Nevers des Huguenots, de ses nombreux amis l'emporta, et il nous fallut achever de vider nos poches pour remplir celles de la famille d'Orléans.....

Nous nous consolons en nous efforçant de croire que la générosité de ces princes est digne de leur rang; qu'ils font de cette colossale fortune le plus noble usage, soulageant toutes les misères, encourageant les arts, enfin ouvrant leurs mains pour en laisser tomber l'argent aussi facilement qu'ils ont mis d'âpreté à les tendre pour le recevoir.

A LA MÊME LIBRAIRIE :